Wong Hocheng - Micol Biondi

我在中国的暑假
My Summer in China

Illustrated by Gloria Pizzilli

Chinese Graded Readers

我在中国的暑假
My Summer in China
Wong Hocheng – Micol Biondi

Language Revision
Wang Hui

Illustrations
Gloria Pizzilli

ELI Chinese Graded Readers
Founder and Series Editors
Paola Accattoli, Grazia Ancillani, Daniele Garbuglia (Art Director)

Graphic Design
Airone Comunicazione - Sergio Elisei

Layout
Airone Comunicazione - Enea Ciccarelli

Production Manager
Francesco Capitano

© 2017 ELI s.r.l.
P.O. Box 6
62019 Recanati MC
Italy
T +39 071750701
F +39 071977851
info@elionline.com
www.elionline.com

Printed in Italy by Tecnostampa – Pigini Group Printing Division – Loreto – Trevi (Italia) – ERC102.01

ISBN 978-88-536-2455-0

First edition: June 2017

www.eligradedreaders.com

Chinese Graded Readers HSK2

ELI Chinese Graded Readers is a collection of texts and original stories about Chinese culture and civilization. It is ideal for readers of all ages. The books are carefully edited and contain a wealth of activities and numerous illustrations to capture the essence of the topics. The books include Chinese-Pinyin-English glossaries to promote and guide comprehension.

The FSC™ certification guarantees that the paper used in these publications comes from certified forests, promoting responsible forestry management worldwide.

For this series of ELI graded readers, we have planted 5000 new trees.

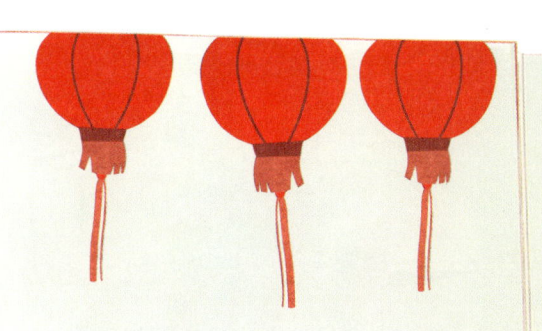

目录 Contents

8	6月11 - 6月15日	11th-15th June
14	练习	Comprehension exercises
16	6月16 - 6月26日	16th-26th June
24	练习	Comprehension exercises
26	6月27 - 6月29日	27th-29th June
32	练习	Comprehension exercises
34	6月30 - 7月3日	30th June-3rd July
40	练习	Comprehension exercises
42	7月4 - 7月10日	4th-10th July
48	练习	Comprehension exercises
50	7月11 - 7月13日	11th-13th July
56	练习	Comprehension exercises
58	文化加油站！	Culture
62	补充练习	Final activities

These icons indicate the parts of the story that are recorded. **start** ▶ **stop** ■

汉意词典

7

6月11 - 6月15日

1. 六月十一日 星期六 有雨

▶2

今天我很高兴，因为今天是学校的最后一天。明天早上我要和爸爸、妈妈、妹妹一起坐飞机去上海看我爷爷奶奶。上课的时候，我发现有一个同学没有来学校，他叫Walter。他坐在我的前面。他没有来学校，因为昨天他和爸爸妈妈一起去旅游了。

上午十一点，放学了，同学们都很高兴，因为我们开始放假了！

下午我在家收拾了行李。

晚上我和我最好的朋友Silvia一起去了饭馆，我们吃了很多东西。

上课 shàngkè *to go to class, have a lesson*
发现 fāxiàn *to discover, to find*
放学 fàngxué *to finish the school year*
放假 fàngjià *to be on holiday*
收拾 shōushí *to tidy up*
行李 xínglǐ *suitcase, luggage*

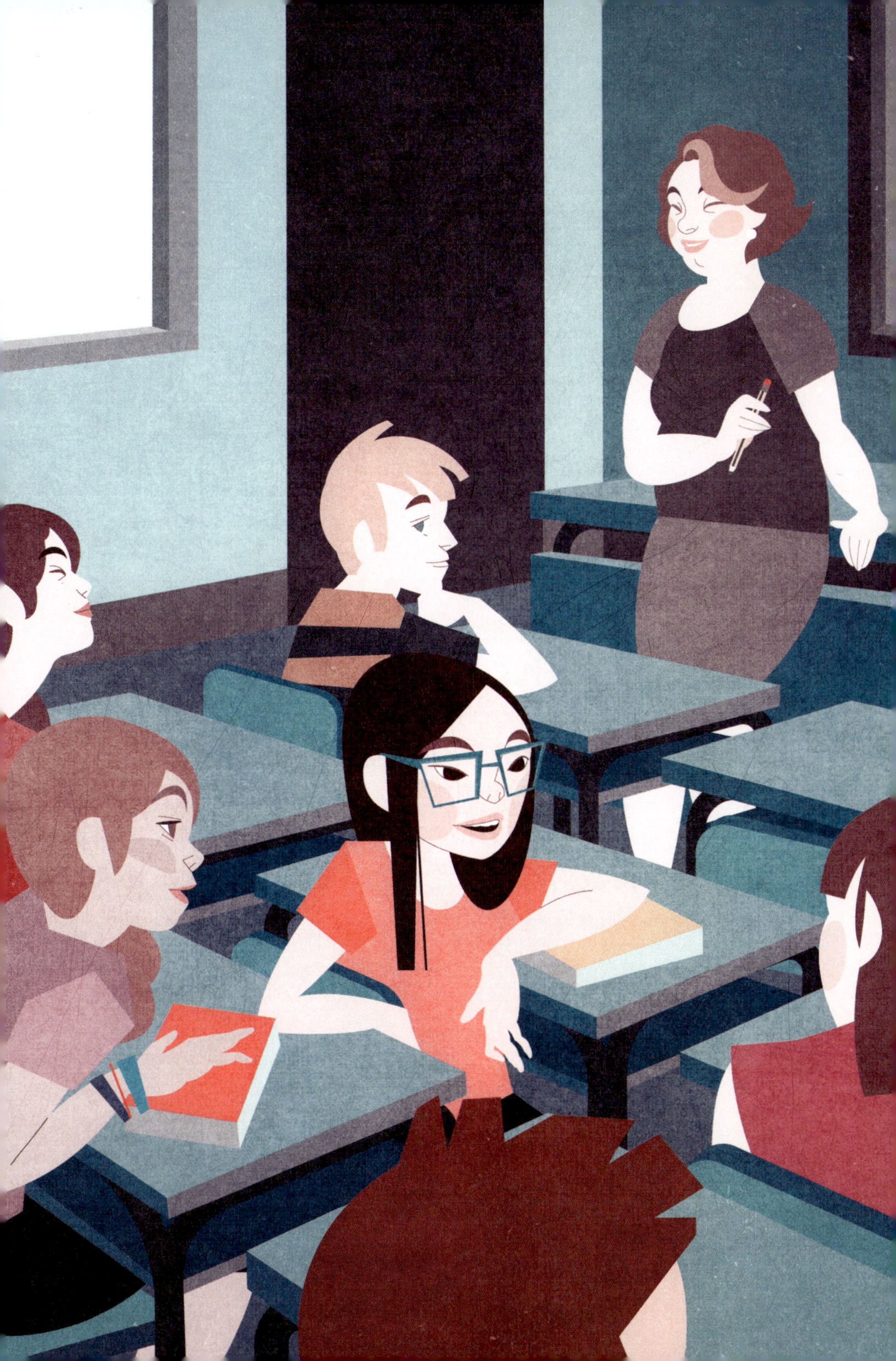

2. 六月十三日 星期一 阴天

昨天我们从威尼斯飞到了上海，我非常开心。昨天早上四点三十分我们起了床。我们坐出租车去了威尼斯机场。从我家到威尼斯机场要一个小时二十分钟。到了机场以后，我们马上去吃了早餐。威尼斯机场很大，有很多漂亮的商店，还有很多饭馆。我们坐的飞机非常大，飞机里有很多人，妹妹坐在了我的右边，爸爸和妈妈坐在了我的左边。在飞机上我和妹妹都没有睡觉，因为我们太高兴了，我们都睡不着。我看了两部电影，妹妹看了报纸。服务员都很好，他们常常来问我们想不想吃东西。我觉得飞机上的食物很好吃！

上午十点二十分我们到了上海，天气很热。

开心 kāixīn happy
威尼斯 Wēinísī Venice
以后 yǐhòu after, later
早餐 zǎocān breakfast

睡不着 shuì bù zháo to be unable to fall asleep
食物 shíwù food

在机场，我看见的第一个中文句子就是："欢迎您来到上海"。这个机场很大，很漂亮，我非常喜欢这个机场。我想，如果我的意大利朋友来上海旅游，他们也会喜欢这个机场。

我们很快就过了安检，因为我们大家都有中国护照。我们过了安检以后，我马上就看见了爷爷奶奶，我非常高兴。他们看见我们以后就马上哭了。我问他们为什么哭，他们说因为看见我们太开心了。我们马上去了爷爷奶奶家。我们坐了十六个小时的飞机，我 太累了。

句子 jùzi *sentence*
欢迎 huānyíng *welcome*
如果 rúguǒ *if, in case*

过 guò *to pass, to cross*
安检 ānjiǎn *security controls*
护照 hùzhào *passport*

3. 六月十四日 星期二 晴天

今天是特别的一天，早上起床以后，我们在家里吃了早餐，我们都喝了粥，吃了包子。我觉得奶奶做的早餐很好吃。在意大利，我常常喝拿铁咖啡，吃面包。早餐以后，爷爷奶奶、爸爸妈妈、妹妹和我一起去拜祭了祖先。拜祭完了，我们收拾好了东西，就回家了。到家的时候，爷爷奶奶送给了我们礼物。当我要打开礼物的时候，妈妈说不要在爷爷奶奶面前打开礼物。我问妈妈为什么。她说："我今天太累了，现在去睡觉。我明天告诉你，好吗？"

现在只是晚上七点，可是因为时差，我也觉得很累，我不想吃晚饭，想马上去睡觉。

特别 tèbié special
粥 zhōu porridge
拿铁咖啡 nátiěkāfēi caffè latte (milk with coffee)
拜祭 bàijì to worship, pay one's respects
祖先 zǔxiān ancestor, forebear
当……的时候 dāng……de shíhou when, during, at the time of
打开 dǎkāi to open
时差 shíchā jet lag

4. 六月十五日 星期三 有雨

你们知道不知道当中国人收到礼物的时候，他们为什么不会马上打开礼物呢？我已经问了奶奶。她告诉了我，但是我现在不想告诉你们。你们想想！几天以后我会告诉你们答案！

昨天我们去拜祭了祖先，我觉得昨天过得很有意思。我不认识这些祖先，他们是爷爷奶奶的爸爸妈妈。在拜祭祖先的时候，我和妹妹站在了妈妈的旁边。爷爷奶奶对着祖先们说了一些话。他们说话的声音很小。我不知道他们说了什么。

晚饭以后，我问爷爷奶奶"你们对祖先说了些什么呢？"

爷爷奶奶说："今天我们对祖先说，希望你能在上海大学学习，还希望你能在上海工作。"我爱我的爷爷奶奶，我一定会努力学习！

收到 shōu dào to receive
答案 dá'àn answer, solution
声音 shēngyīn sound, voice
晚饭 wǎnfàn dinner
努力 nǔlì to try hard, to strive

Comprehension exercises
练习

1. Match the words to the pictures.

连线题：把词语与相应的图案用线连起来。

1. ☐ 爸爸妈妈
2. ☐ 学校
3. ☐ 同学
4. ☐ 雨
5. ☐ 上海

2. Answer the questions.

会话练习：回答下列问题。

1. 《我在中国的暑假》这本书是谁写的？
2. 学校的最后一天，谁没有来上课？
3. 心心和谁一起去了上海？
4. 在飞机上，谁坐在了心心的左边？
5. 六月十五日天气怎么样？

▶ 6 3. DICTATION: Listen and write in Chinese.

听写练习：请认真听录音，然后写出汉字。

4. Talk about and describe the picture.

看图说故事。

5. Before you read the next pages, answer the following questions orally.

读前活动(请在阅读下一新单元之前，先用中文回答下列问题)。

1. 你的生日是几月几号？
2. 去年过生日的时候，你的朋友给你送了什么礼物？
3. 你吃过饺子吗？你觉得好吃吗？
4. 你常常早上几点起床？
5. 你喜欢吃面条还是米饭？

6月16 - 6月26日

5. 六月十六日 星期四 晴天

今天晚上我吃晚饭的时候，我注意到了一件很有意思的事情。

当爷爷奶奶吃面条的时候，他们发出了很大的声音。在意大利吃面条的时候我们不发出声音。

我问爷爷奶奶："为什么你们吃面条的时候发出声音呢？"

爷爷笑着说："吃面条的时候发出声音，意思是你觉得面条很好吃。"

爸爸马上说："中国文化跟意大利文化不一样。在意大利，吃面条的时候发出声音代表不礼貌，但是如果你去中国，日本旅游，吃面条的时候发出声音代表面条很好吃。"

发出 fāchū to produce a sound
文化 wénhuà culture
跟......一样 gēn...... yīyàng to be the same as

代表 dàibiǎo to represent
礼貌 lǐmào polite, well-mannered

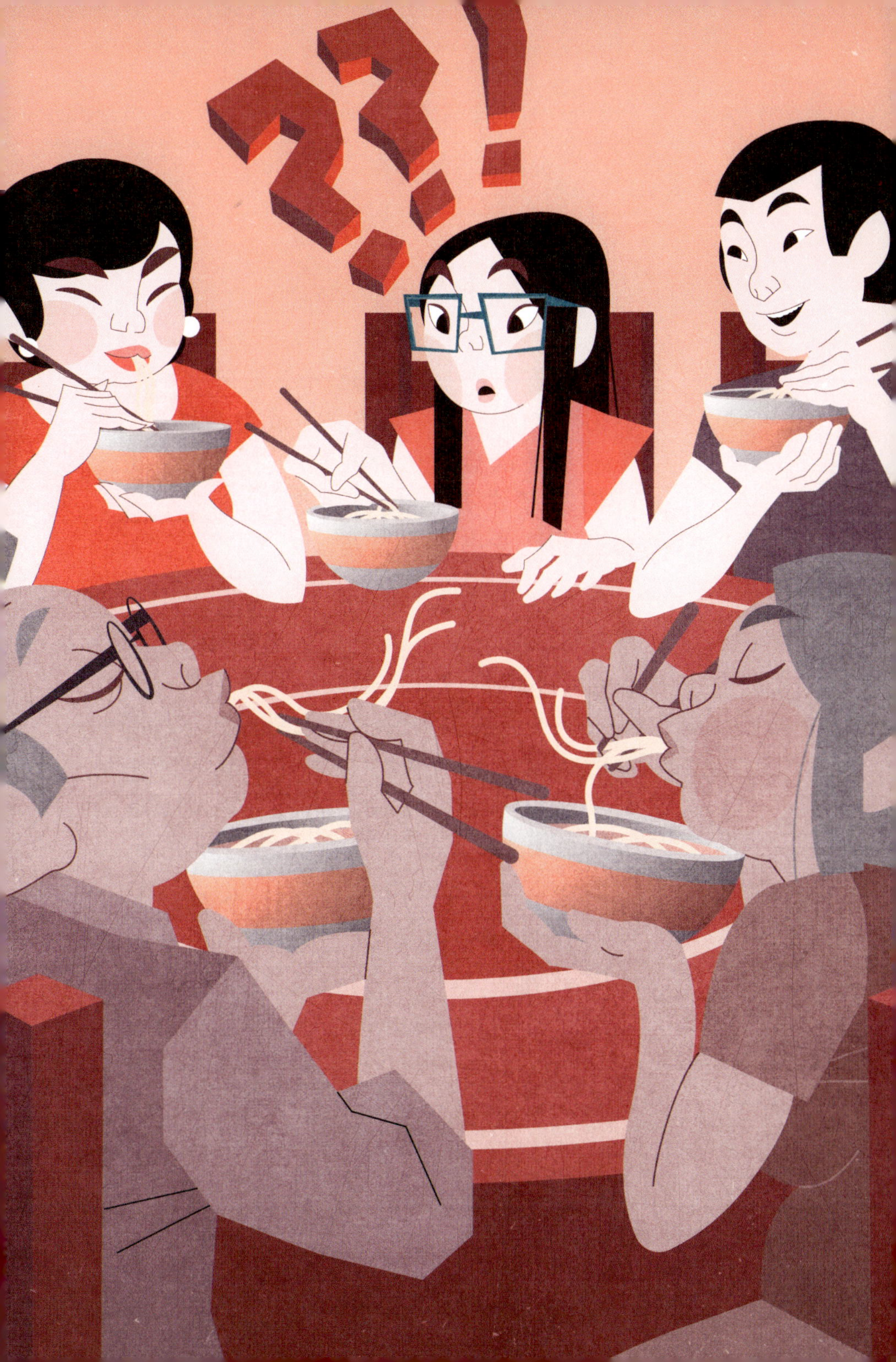

6. 六月十七日 星期五 有雨

妈妈有一个朋友,她叫小花阿姨。昨天小花阿姨来了爷爷奶奶家。我们一起吃了早餐。早餐以后,她带我们一起去逛了街,我们买了东西。我们去了上海南京路,那里有很多书店和商店。

在一家书店里,我买了五本漫画书,漫画书很便宜,五块钱一本。漫画里的汉字不多,也不太难。我很想买别的书,但是那些书太难了,我看不懂。我还买了一些漂亮的铅笔,我会送给我意大利的朋友。我们还去了商店。小花阿姨和妈妈都送给了我和妹妹很多新衣服,衣服颜色非常好看。

回家之前,我们还买了七个双酿团!这是我第一次吃双酿团,我觉得双酿团非常好吃。如果你们也喜欢购物,在上海,最好的购物地方就是上海南京路。

阿姨 āyí aunt (used to refer informally to adult women, also with no family relationship)
逛街 guàngjiē to go shopping
南京路 Nánjīng lù Nanjing Road (the main shopping street in Shanghai)
漫画 mànhuà manga (cartoon)
之前 zhīqián before, prior to
双酿团 shuāngniàng tuán typical cakes made with glutinous rice, filled with sesame and red bean paste
购物 gòuwù to go shopping

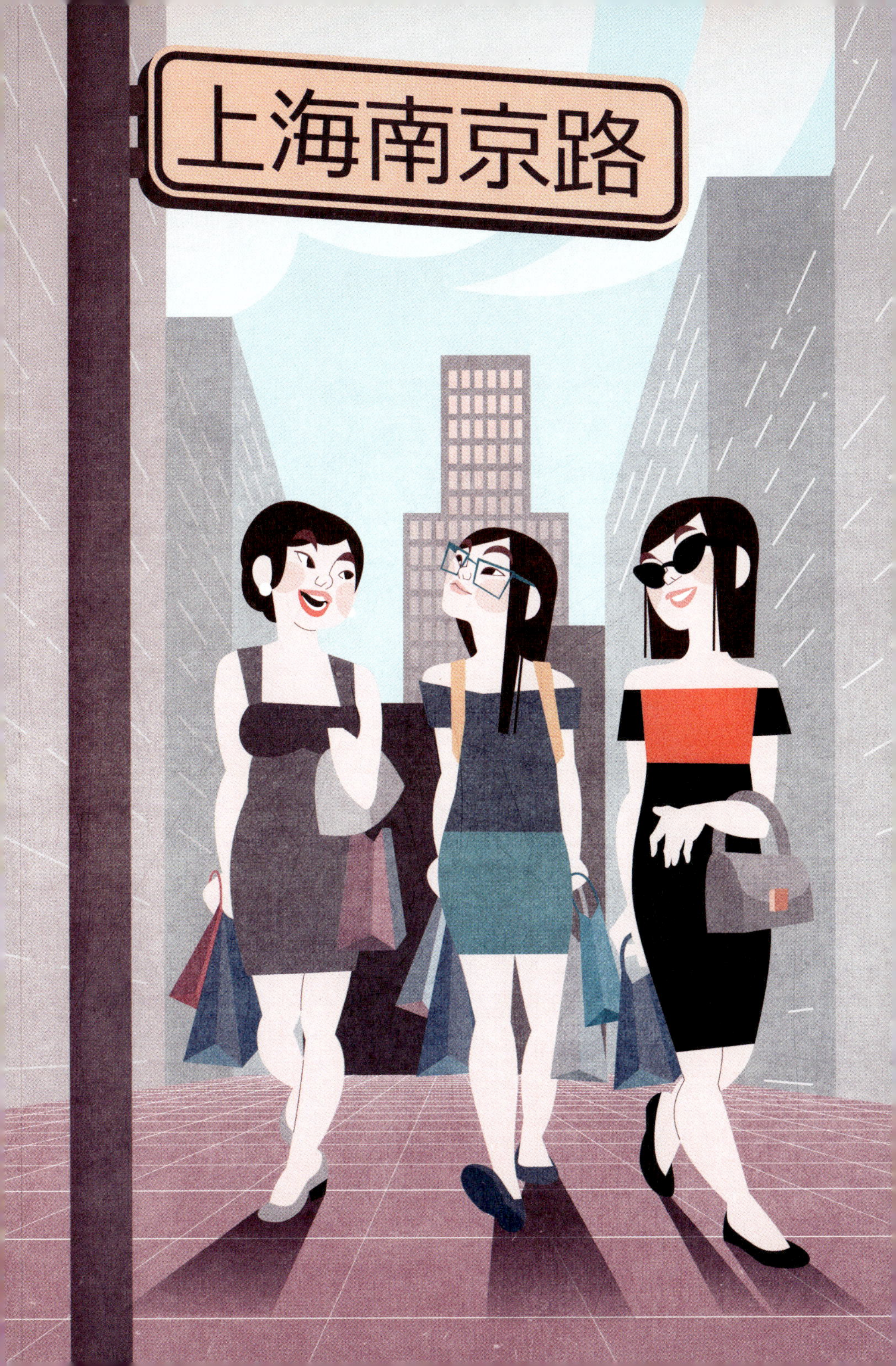
上海南京路

7. 六月二十四日 星期五 阴天

我已经一个星期没写日记了。这几天我身体不太好,我生病了。可能因为前几天逛商店的时候,商店里的空调太凉了,因为我没有穿很多衣服,所以我着凉了。我没有去医院看医生,我这几天一直在家里休息。今天奶奶给我做了粥,奶奶告诉我,她在粥里放了一些中药。我觉得很不好吃,但是奶奶说:"吃了以后身体就会好了。"

我问妈妈:"在意大利的时候,为什么您不给我做这样的粥。"

她说:"因为在意大利找不到中药。很多中国商店都不卖中药呢?"

晚上,爷爷奶奶给我们做了小笼包!我太想吃小笼包了,但是妈妈告诉我,我现在生病了,不应该吃太多的小笼包。妹妹吃了二十个,我只吃了五个。

空调 kòngtiáo *air conditioning*
凉 liáng *cool*
着凉 zháoliáng *to catch cold*
中药 zhōngyào *traditional Chinese medicine*
小笼包 xiǎolóngbāo *dumplings with a meat or fish filling*
应该 yīnggāi *ought to, must, should*

8. 六月二十五日 星期六 有雨

当中国人收到礼物的时候,他们为什么不会马上打开礼物呢?这是因为中国人觉得送什么礼物不<u>重要</u>,最重要的是<u>友谊</u>。在意大利,当我们收到礼物的时候,我们会马上打开。这样,我们会告诉送给我们礼物的人,我们很喜欢他们的礼物,他们一定会很高兴。

爷爷奶奶送给了我一本<u>中文</u> <u>故事</u>书和一本<u>汉意词典</u>。故事书里有很多漂亮的<u>照片</u>。他们告诉我,现在我可能还看不懂这本故事书,当我看到不懂的汉字的时候,我可以用汉意词典。我希望我可以在这个暑假里看完这本故事书。我想在上海学习,想在上海工作。我要学习汉语!

重要 zhòngyào *important*
友谊 yǒuyì *friendship*
中文 zhōngwén *Chinese language*
故事 gùshì *story, tale*

汉意词典 hànyì cídiǎn *Chinese-Italian dictionary*
照片 zhàopiàn *photograph*

9. 六月二十六日 星期日 晴天

在地铁和公共汽车里,意大利人喜欢看书、看报纸、聊天、打电话或者玩儿手机。今天我坐公共汽车的时候,我看到车里的人在看书、玩儿手机、睡觉、也有一些人在吃东西。

我还看到了很多好看的饭店广告,有一些广告我能看懂,但是有一些我看不懂,因为这些广告里有很多新的汉字。我很想看懂这些广告。

我长大以后,想做一名口语翻译。但是现在我有点儿不开心,因为有很多汉字我不认识。

我要学好汉语,因为我不想常常麻烦爷爷奶奶和爸爸妈妈。他们给我的帮助已经很多了。

地铁 dìtiě *subway, metro*
或者 huòzhě *or*
广告 guǎnggào *advertisement, publicity*

长大 zhǎngdà *to grow up*
口语翻译 kǒuyì fānyì *interpreter*
麻烦 máfan *to trouble or bother someone*

回家以后，我看见爷爷奶奶在写毛笔字。

我马上对爷爷说："爷爷，您可以教我写毛笔字吗？"

爷爷说："可以啊！"

写了一会儿以后……

我说："我不写了。"

爷爷问："为什么不写了？"

我不高兴地说："因为……你们写的毛笔字很美，我的毛笔字一点儿都不漂亮。"

爷爷笑着说："心心，我告诉你一件事情。以前我做事情的时候像你一样，没有耐心，当我遇到困难的时候也常常想放弃。开始练习写毛笔字以后，我变成了一个有耐心的人。很多中国人和外国人都喜欢写毛笔字；你想变成一个有耐心的人吗？"

我高兴地说："我想！我也要每天写毛笔字，我也想变成一个有耐心的人。"

毛笔字 máobǐ zì calligraphy
耐心 nàixīn patience
遇到 yùdào to meet

困难 kùnnán difficult, challenging
放弃 fàngqì to give up, to abandon
变成 chéngwéi to become

Comprehension exercises
练习

1. Match the words to the pictures.

连线题：把词语与相应的图案用线连起来。

1. ☐ 礼物
2. ☐ 汉意词典
3. ☐ 故事书
4. ☐ 饺子
5. ☐ 铅笔

a 
b 
c 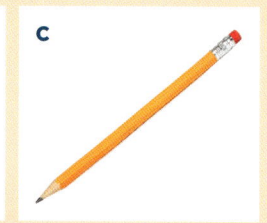
d 
e

2. Answer the questions.

会话练习：回答下列问题。

1. 奶奶送给了心心什么礼物？
2. 当中国人收到礼物的时候，他们为什么不会马上打开礼物呢？
3. 在上海，我们可以去哪儿买衣服和书？
4. 为什么心心生病了？
5. 为什么心心只吃了五个小笼包？

3. DICTATION: listen and write in Chinese.

听写练习：请认真听录音，然后写出汉字。

4. Choose a page from the diary and prepare a short oral summary in Chinese.

请选择一篇日记，然后简单地复述一下。

5. Talk about and describe the picture.

看图说故事。

6. Before you read the next pages, answer the following questions orally.

读前活动(请在阅读下一新单元之前，先用中文回答下列问题)。

1. 你看过中文菜单 càidān (menu) 吗？
2. 去游泳的时候我们要穿什么衣服？
3. 你喜欢在咖啡馆里一边喝咖啡，一边看书吗？
4. 你喜欢整理 zhěnglǐ (to tidy up) 房间 fángjiān (room) 吗？
5. 五本漫画书多少钱？

6月27 - 6月29日

10. 六月二十七日 星期一 晴天

▶13　昨天我和妹妹想去饭馆吃晚饭。我问奶奶："奶奶，今天晚上我和妹妹想去饭馆吃晚饭。您觉得哪一家饭馆的菜好吃？"

奶奶问："你们想吃中国菜还是意大利菜？"

我说："中国菜！"

奶奶说："在上海，我们都知道'小熊猫小吃店'。你们可以去那儿吃晚饭。那儿的生煎包和别的小吃都非常好吃。但是，你能看懂菜单吗？我和你们一起去，好吗？"

妹妹说："好啊"。

我马上说："每一次都是我和你们大人一起去饭馆，每一次都是大人们看菜单点菜。这一次我想试一试看着菜单上的汉字来点菜。奶奶，可以吗？"

奶奶说："可以啊！"

我们到了饭馆，饭馆里有很多人。我们等了十五分钟，就等到了一张小桌子。

服务员给了我们中文菜单，菜单上没有照片。虽然菜单上有一些我不认识的汉字，但是很多汉字我都看懂了。

熊猫 xióngmāo panda
生煎包 shēngjiānbāo pan-fried dumplings
小吃 xiǎochī snack
大人 dàrén adult
点菜 diǎncài to order (a dish)

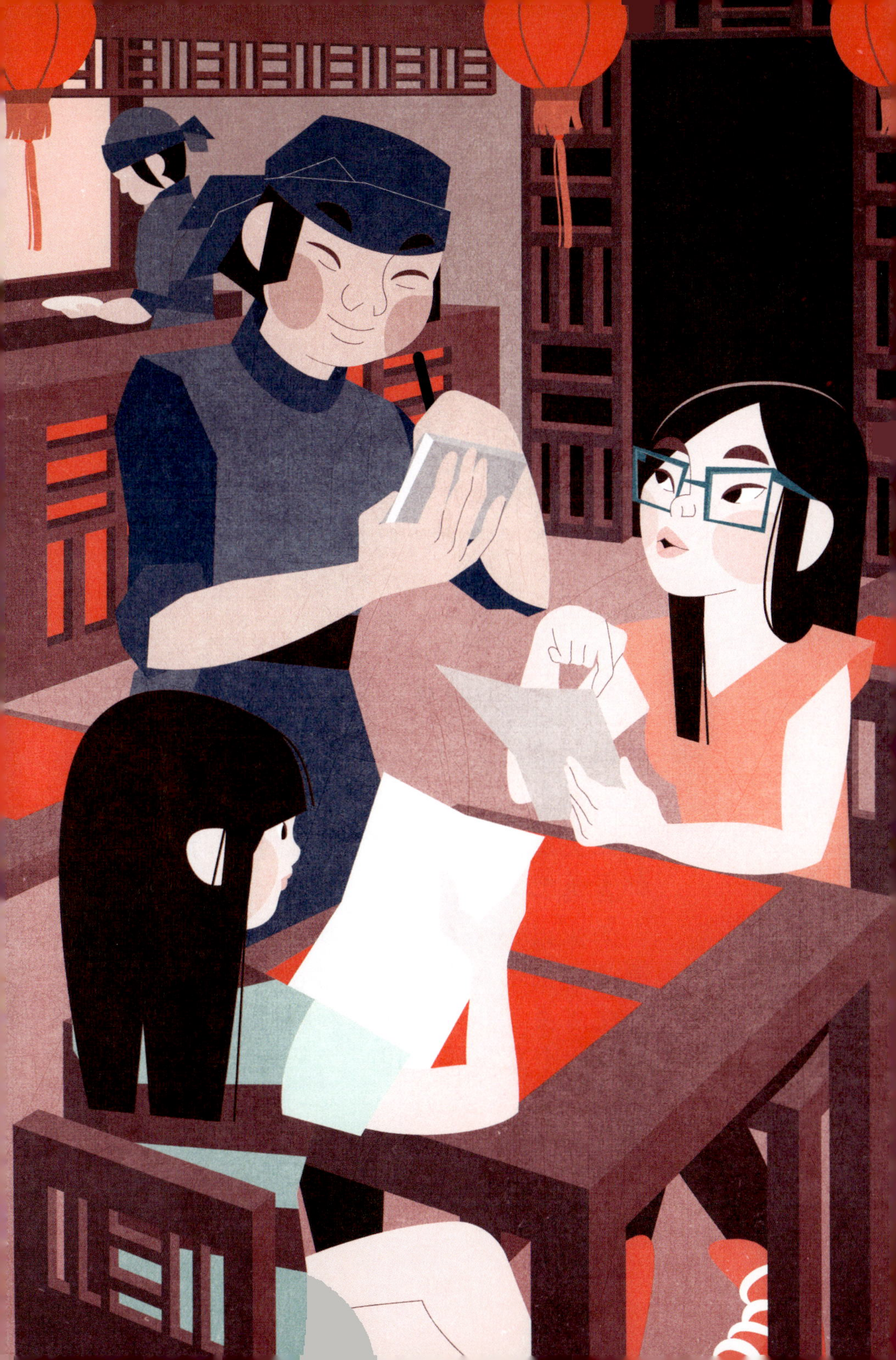

11. 六月二十八日 星期二 晴天

今天我很开心，因为小花阿姨的女儿千语和我一起去游泳池游了泳！这是我在中国第一次去游泳。去游泳之前，我非常想知道去中国游泳池游泳跟意大利有什么不一样。到了游泳池以后，我们马上换上了游泳衣。我穿的游泳衣是比基尼，千语穿的游泳衣跟我穿的游泳衣不一样。她穿的是连体泳衣。在游泳池里，我看到很多人穿的游泳衣跟她穿的一样。

我问千语："千语，为什么穿比基尼的人很少呢？"

她笑着说："可能因为我们中国的女孩儿都害羞吧！"

游泳以后，我们坐在椅子上晒了太阳，看了漫画书和杂志。千语在游泳池旁边的小吃店买了一杯热豆浆和一杯冰豆浆，还买了六个豆沙糯米团。

比基尼 bǐjīní bikini
连体泳衣 liántǐ yǒngyī (one-piece) swimsuit
害羞 hàixiū shy
晒太阳 shài tàiyáng to sunbathe
冰豆浆 bīng dòujiāng cold soy milk
豆沙糯米团 dòushā nuòmǐ tuán cakes made with glutinous rice and red bean cream

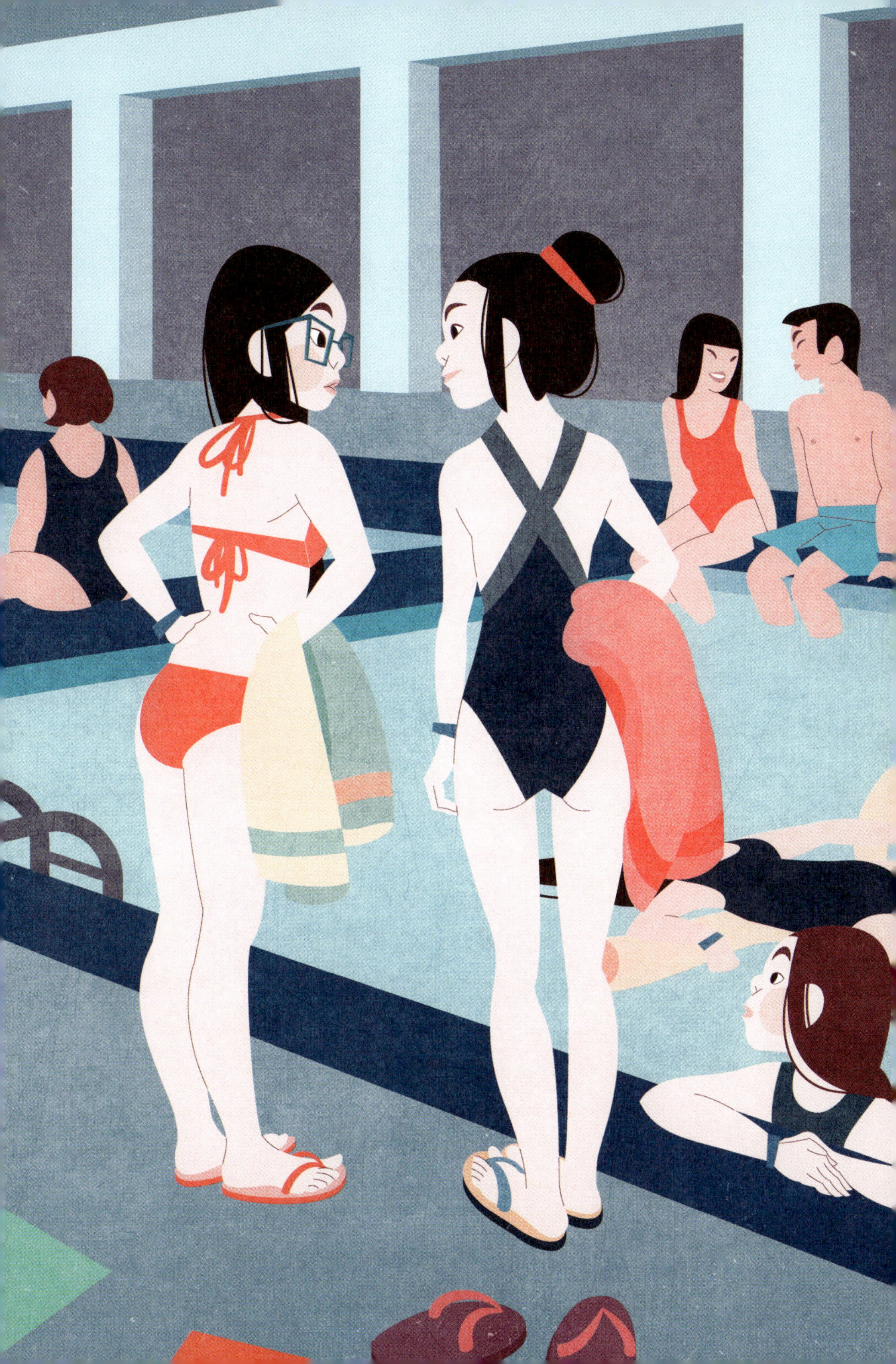

12. 六月二十九日 星期三 有雨

八月一日是妹妹的生日，我想送给她一件礼物。她和我都很喜欢看书。今天奶奶和我一起去了一家书店。这家书店非常大，书店里有很多书。<u>本来</u>我是想给妹妹买一本故事书的，我找了很长时间，最后我看到了一本新书。<u>作者</u>是一个<u>日本</u>女孩儿。

这本书是教人怎么整理房间。这本书有中文<u>版</u>英文版，也有日文版。我看了一下中文版，我觉得很特别，也很有意思，我很喜欢这本书。我觉得妹妹也会喜欢这本书。

最后我<u>决定</u>买两本。一本是英文版的，一本是中文版的。妹妹的英语很好，所以我给妹妹买了英文版的书。现在我在学习中文，所以中文版的书是给我买的。

本来 běnlái at first, originally
作者 zuòzhě author
日本 Rìběn Japan

版 bǎn edition, version
决定 juédìng to decide

买了书以后，奶奶带我去了书店旁边的一家猫咪咖啡馆。在猫咪咖啡馆里，有些人坐在椅子上看书，有些人一边喝咖啡，一边跟猫咪玩儿。我发现，和猫咪在一起的时候，我觉得很放松。

　　回家以后，我帮助爸爸妈妈准备了晚饭。我吃了米饭、面条、蔬菜、鸡蛋、鱼、牛肉汤和西瓜。

　　晚饭以后，我送给了妹妹这件礼物。妹妹告诉我她非常喜欢这件礼物，她觉得这件礼物很特别。

带 dài *to take*
猫咪咖啡馆 māomī kāfēiguǎn *cat café, theme café where you can stroke cats whilst you eat or drink*
放松 fàngsōng *relaxed*
蔬菜 shūcài *vegetables*
牛肉汤 niúròu tāng *beef soup*

Comprehension exercises
练习

1. **Match the words to the pictures.**

连线题：把词语与相应的图案用线连起来。

1. ☐ 服务员　　4. ☐ 西瓜
2. ☐ 游泳　　　5. ☐ 鱼
3. ☐ 肉

2. **Answer the questions.**

会话练习：回答下列问题。

1. 心心和妹妹在哪儿吃了生煎包？
2. 心心和千语去的小吃店在哪儿？
3. 千语在小吃店买了什么？
4. 心心在书店买了什么？
5. 心心买什么礼物送给了她妹妹？为什么？

▶ 16 **3. DICTATION: listen and write in Chinese.**

听写练习：请认真听录音，然后写出汉字。

4. Talk about and describe the picture.

看图说故事。

5. Before you read the next pages, answer the following questions orally.

读前活动(请在阅读下一新单元之前，先用中文回答下列问题)。

1. 在你认识的朋友里，谁学过功夫 gōngfu (kung fu)？
2. 你有几个外国 wàiguó (foreigner) 朋友？
3. 你的眼睛是什么颜色的？
4. 你有汉意词典吗？你什么时候用这本词典？
5. 你觉得你已经学习了多少个汉字？

6月30 - 7月3日

13. 六月三十日 星期四 热

今天妈妈和她的朋友小花阿姨带我去了一个很特别的地方：月红阿姨的家！

月红阿姨是我妈妈和小花阿姨的朋友。她家有两只猫，它们都是公猫。它们胖胖的，大大的眼睛，小小的鼻子，非常可爱。它们已经两岁了。一只是灰色的，叫Wasabi。一只是灰白色的，叫Zen。Wasabi比Zen胖一点儿。

我和这两只猫玩儿了一个上午。吃午饭的时候，Zen在我的腿上睡觉了，Wasabi坐在了我的旁边，看着我吃饭。我给了它一些鱼和肉吃。我觉得它们都很喜欢我。

今天我很开心，我认识了两个新朋友。张阿姨给我"介绍"了这两只猫。回意大利以后，我也想要养一只猫。

公猫 gōng māo *male cat/tomcat*
胖 pàng *fat*
鼻子 bízi *nose*
可爱 kě'ài *cute, lovely*
灰色 huīsè *grey*
腿 tuǐ *leg*
养 yǎng *to raise (animals), to keep pets*

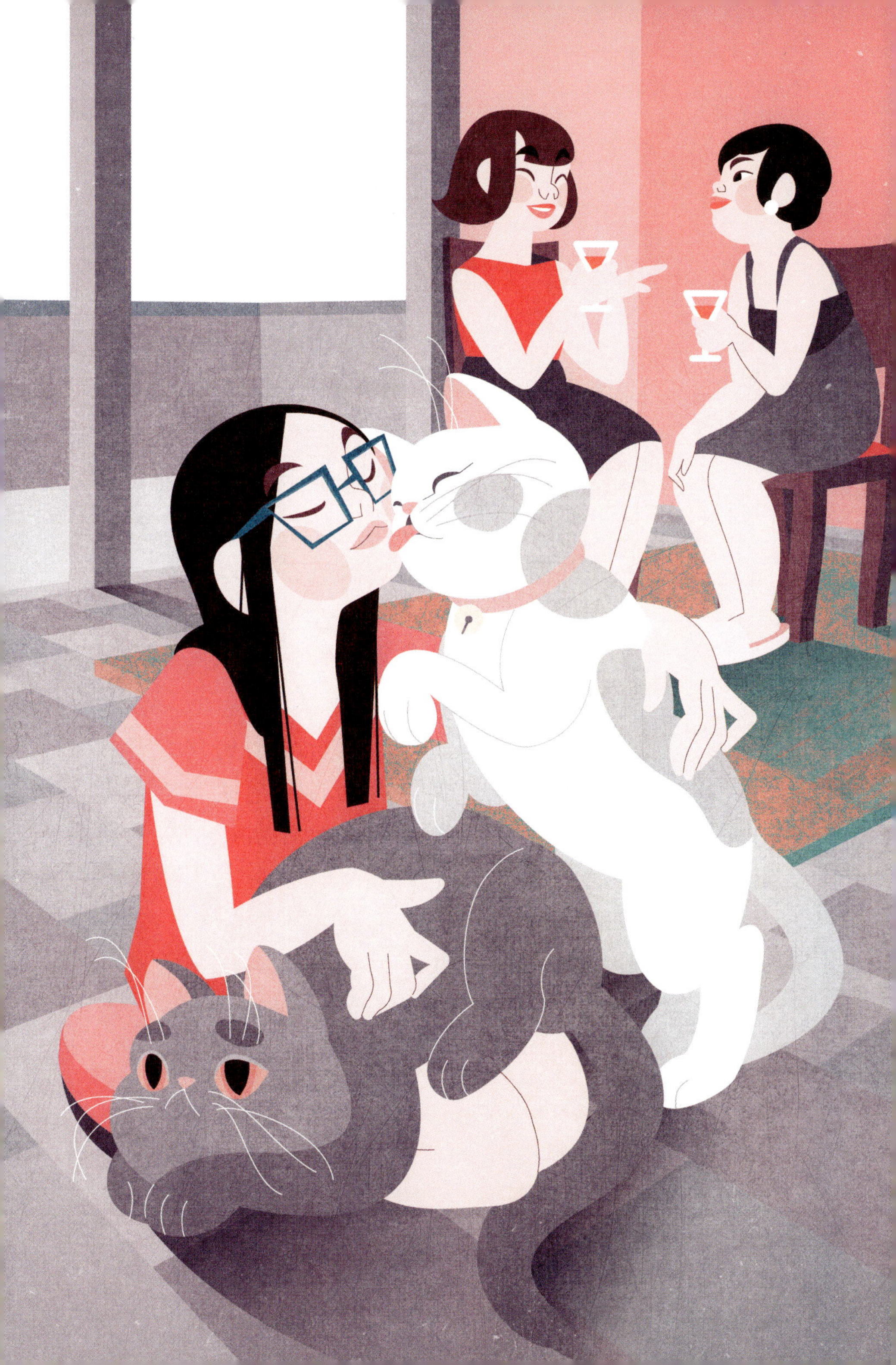

14. 七月一日 星期五 热

今天我在家里学习了汉语。

我用三个小时看了故事书。真糟糕！我只看了……五页！这本书一共有六十四页，还有很多练习。

奶奶说，每一次我做完练习以后，她会帮我批改。我现在还没开始做练习，我要抓紧点儿了！我希望奶奶觉得我是一个努力的好学生！

看完五页的故事书以后，奶奶问我要不要吃些东西。我告诉她我不想吃，我只想喝咖啡。她给我准备了一杯拿铁咖啡。这个杯子很大，杯子里的咖啡很多，意大利的咖啡杯很小，杯子里的咖啡也很少。

这里的咖啡跟意大利的不一样，我觉得这里的咖啡和意大利的都很好喝！

糟糕 zāogāo bad, terrible
页 yè page
一共 yígòng altogether
练习 liànxí exercise

批改 pīgǎi to correct
开始 kāishǐ to begin, to start
抓紧 zhuājǐn to rush in, to save time

15. 七月二日 星期六 热

今天我认识了奶奶的朋友。他叫国中。昨天他来了爷爷奶奶家。他告诉我们他昨天去了"功夫学校"。

在那儿，他看见一些小孩儿正在跟老师一起学习功夫。他觉得学功夫是一件很有意思的事情。他说，他也很想让他的儿子学功夫。

我问他："为什么您想让您的儿子学功夫呢？是因为学了功夫以后，和别人打架的时候，可能会赢了，是吗？"

他说："不是。学功夫不是为了打架，学功夫是为锻炼身体。"

听了他的话，我也很想去"功夫学校"看看，我也想学功夫！有一个电影，叫"功夫熊猫"，我非常喜欢看。

让 ràng to allow, to let somebody do something
打架 dǎjià to argue, to fight
赢 yíng to win
为了 wèile in order to, so as to
锻炼 duànliàn to train, to practise

16. 七月三日 星期日 热

今天我很高兴，因为昨天千语带我去了她朋友的家。

她的朋友是法国人，叫Juliette，是上海外国语大学的学生，她学习中文。昨天晚上，在Juliette的家里举办了一个外国学生的派对。每个同学都带来了一些食物。

在派对上，我认识了一个美国男孩儿，他叫Steve，今年二十岁。他很帅，也很高。他的眼睛是蓝色的，很漂亮。我们一起吃了东西，一起聊了天，还一起跳了舞。我们用中文聊了天。虽然他的中文很糟糕，但是我都能听懂。他给了我他的电话号码，他说希望我给他打电话。他很喜欢笑，我觉得我可能已经喜欢上他了！

外国语 wàiguóyǔ foreign language
举办 jǔbàn to organise
派对 pàiduì party

美国 Měiguó USA
帅 shuài handsome

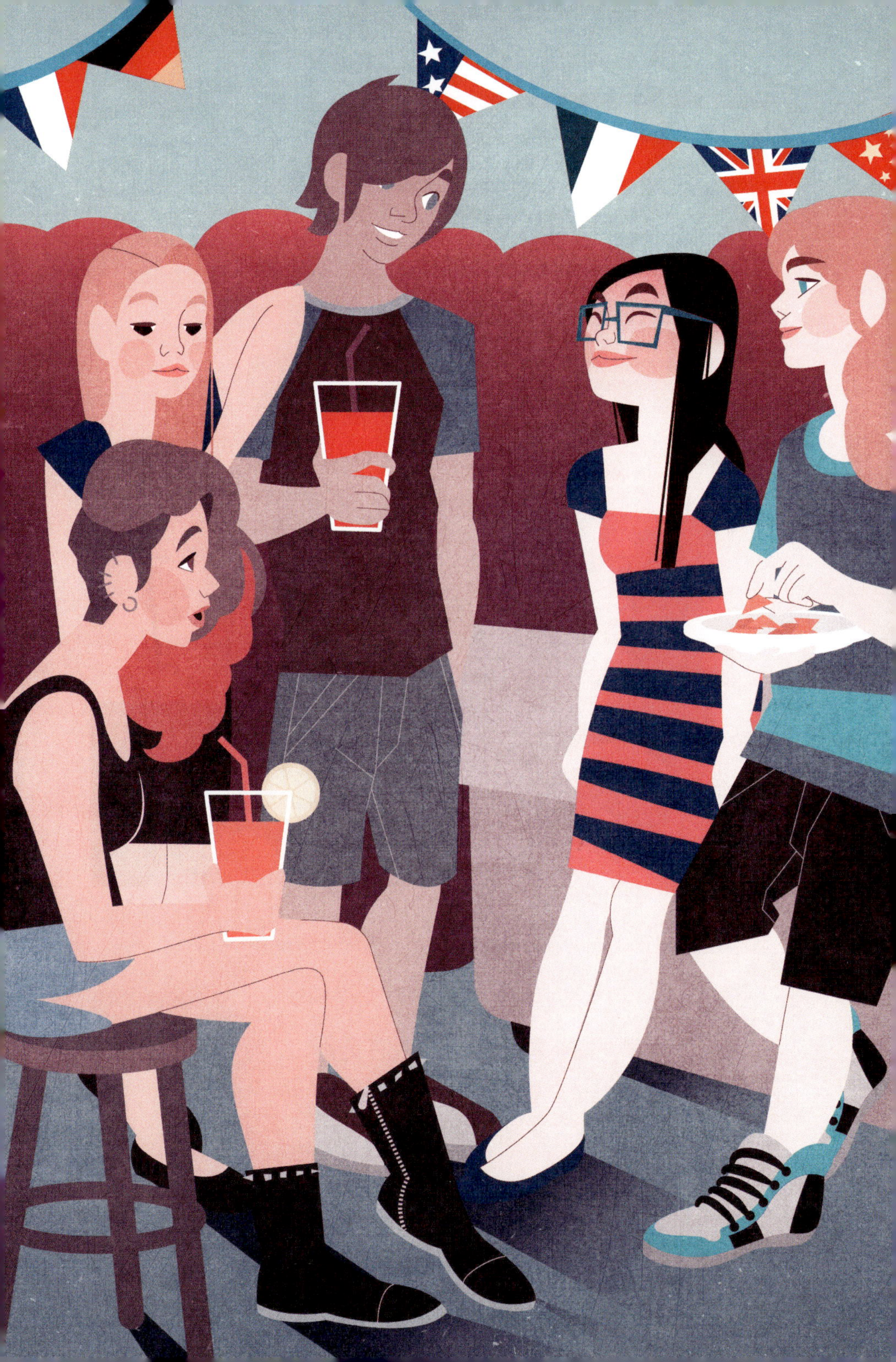

Comprehension exercises
练习

1. Match the words to the pictures.

连线题：把词语与相应的图案用线连起来。

1. ☐ 猫
2. ☐ 眼睛
3. ☐ 男孩儿
4. ☐ 功夫
5. ☐ 杯子

a
b
c
d
e

2. Answer the questions.

会话练习：回答下列问题。

1. 两只猫叫什么名字？它们是什么颜色的？
2. 奶奶送给心心的故事书一共有多少页？
3. 故事书她一共看了几页？
4. Juliette是哪国人？她在哪儿学习？她学习什么？
5. 心心在哪儿认识了Steve？他是哪国人？

3. DICTATION: listen and write in Chinese.

听写练习：请认真听录音，然后写出汉字。

4. Talk about and describe the picture.

看图说故事。

5. Before you read the next pages, answer the following questions orally.

读前活动(请在阅读下一新单元之前，先用中文回答下列问题)。

1. 你有喜欢的男孩儿(女孩儿)吗？他（她）叫什么？（你们是在哪儿认识的？）
2. 在咖啡馆我们可以喝些什么，吃些什么？
3. 当你和朋友约会 yuēhuì (to make an appointment) 的时候你会做些什么？
4. 如果你的朋友来你的国家旅游，你会带他（她）去吃什么？
5. 你最喜欢的汉字是什么？怎么写？

7月4 - 7月10日

17. 七月四日星期一 阴天

▶ 22

今天我给那个美国男孩儿Steve打了电话。

打电话之前，我很紧张，也很害怕，因为他可能已经忘记我了。这件事情我没有告诉爷爷奶奶和爸爸妈妈。我只告诉了千语。千语听了以后很开心。她觉得如果我喜欢这个男孩儿，就应该给他打电话。

电话接通了，他的声音很好听。他说因为他的汉语不好，问我可不可以用英语和他聊天。我对他说我的英语也很糟糕。

他告诉我这两天他很紧张，因为他害怕我不给他打电话。我们聊了很多事情，我很喜欢他，我觉得他也很喜欢我！

他说明天会带我去外滩玩儿。我现在非常开心！我想今天晚上我睡不着了。

紧张 jǐnzhāng *nervous*
害怕 hàipà *to be scared*
忘记 wàngjì *to forget*
接通 jiē tōng *to connect*

外滩 Wàitān *the Shanghai 'Bund' or 'Waitan' is a waterfront area on the banks of the Huangpu River*

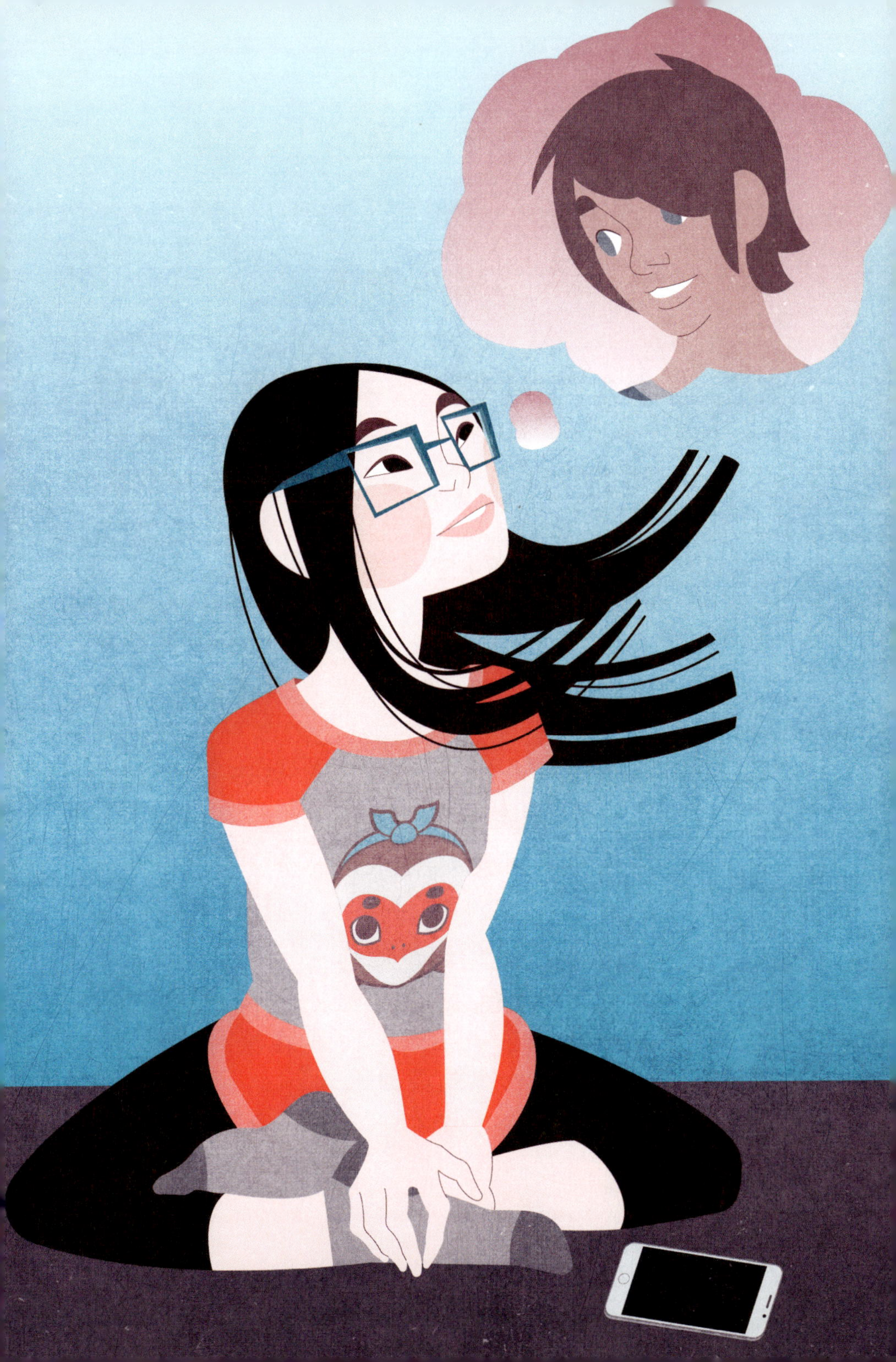

18. 七月五日 星期二 阴天

▶ 23　　今天奶奶对我说："心心，我知道你很想去"功夫学校"看一下。我们今天一起去，好吗？

妹妹说："奶奶，我也想去！您可以带我一起去吗？"

奶奶高兴地说："当然可以！"

我说："奶奶，对不起，今天我没有空儿。明天您有空儿吗？我们可以明天去吗？"

奶奶好奇地问："今天你是不是要继续看故事书啊？"

我吞吞吐吐地说："不是。奶奶，对不起，今天……我有一个约会。"

妈妈马上问我："你跟谁约会？"

我说："我跟……一个男孩儿约会。"

妈妈问："我们认识他吗？"

我说："你们不认识他。上个星期，千语带我去参加了一个派对，我在派对上认识了他。他叫Steve，是美国人。"

妈妈说："今天你们会去哪儿？"

空儿 kòngr *free time*
好奇地 hàoqí de *with curiosity, with surprise*

继续 jìxù *to continue*
吞吞吐吐地 tūntūntǔtǔ de *hesitantly*

我说:"他带我去外滩。"

妈妈没有说话,奶奶告诉我如果下次我和男孩儿约会,要马上告诉爸爸妈妈。因为他们都很关心我。

妈妈生气了,我应该怎么办呢?

我们约会的时间是上午10点。我九点就到外滩了。我们约在咖啡馆见面。我到了咖啡馆以后,我马上就看见了他。他告诉我他八点半就已经到咖啡馆了。他请我喝了拿铁咖啡,还请我吃了甜甜圈。他告诉了我他在上海和美国的生活。喝完咖啡以后,我们去外滩散了步。外滩真美!

回家以前,我在咖啡馆买了六个甜甜圈,这些甜甜圈都是给妈妈的,因为她今天早上生气了。

关心 guānxīn *to worry, to be concerned*
生气 shēngqì *to get angry*
怎么办 zěnme bàn *what's to be done*
甜甜圈 tiántiánquān *doughnut*
生活 shēnghuó *life*

19. 七月十日 星期日 热

这几天我没有写日记,因为我太累了。

我和Steve在外滩见面以后,我们每天都见面。当我们见面的时候,我们常常去散步、看中文电影或者吃冰激淋。

爸爸妈妈开始喜欢Steve了,因为每次我和Steve见面以后,我都会告诉他们在约会的时候我们做了些什么。他们都觉得Steve是一个好男孩儿。

Steve的汉语不好,他不知道应该怎么学习汉语。他告诉我他已经很努力地学习了。他每天都写汉字,他觉得汉语语法不难,但是口语很难。他的口语不好。我很想帮助他。我告诉他从现在开始,我们只用中文聊天,不说英语。

Steve为了感谢我帮助他学习汉语,他明天请我吃饭。他要带我去吃火锅!

语法 yǔfǎ grammar
口语 kǒuyǔ conversation, spoken
感谢 gǎnxiè to thank

火锅 huǒguō 'hot pot', a culinary speciality made in a large saucepan with simmering stock, into which each diner places and cooks raw pieces or slices of food

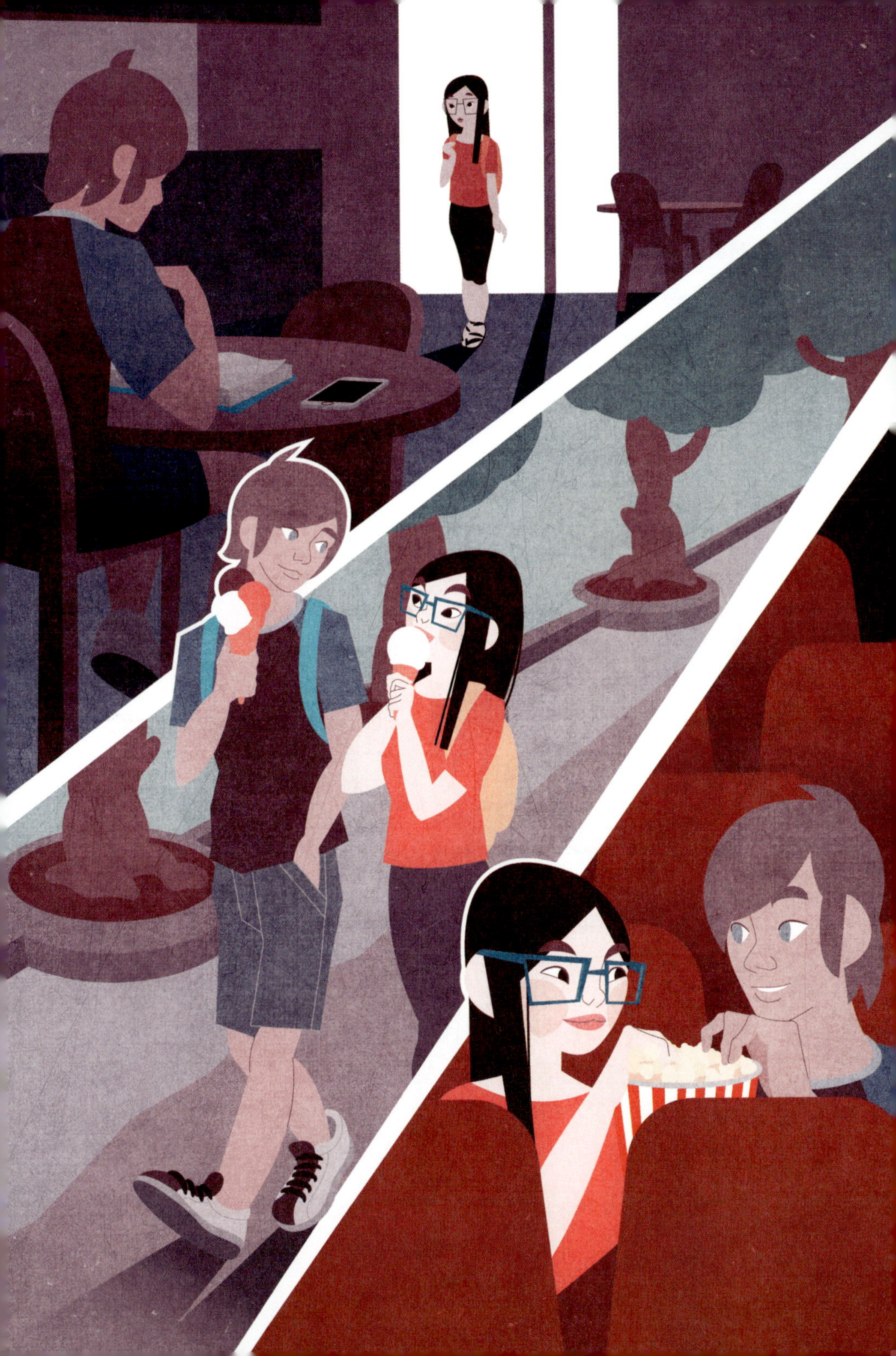

Comprehension exercises

练习

1. Match the words to the pictures.

连线题：把词语与相应的图案用线连起来。

1. ☐ 女孩儿
2. ☐ 电话
3. ☐ 见面
4. ☐ 告诉
5. ☐ 写

2. Answer the questions.

会话练习：回答下列问题。

1. Steve觉得学习汉语什么最难？
2. 心心在咖啡馆里吃了些什么？
3. 心心是怎么帮助Steve学习汉语的？
4. 心心和Steve的约会时间是几点？
5. 心心的汉语怎么样？

3. DICTATION: listen and write in Chinese.

听写练习：请认真听录音，然后写出汉字。

4. **Describe Steve.**

请介绍一下 Steve。

5. **Talk about and describe the picture.** 看图说故事。

6. **Before you read the next pages, answer the following questions orally.**

读前活动(请在阅读下一新单元之前，先用中文回答下列问题)。

1. 你知道熊猫长什么样吗？
2. 熊猫是哪个国家的国宝 guóbǎo (national treasure) ?
3. 你用过毛笔 máobǐ (writing brush) 写字吗？
4. 你会用电脑写中文作业吗？
5. 当一个人生病的时候，他（她）应该吃什么？不应该吃什么？

7月11 - 7月13日

20. 七月十一日 星期一 阴天

▶ 26

李阿姨和她丈夫都是爷爷奶奶的好朋友。听爷爷说，他们已经认识三十年了。

早餐以前，李阿姨的丈夫和他们的儿子来到了爷爷奶奶家。李阿姨的丈夫告诉爷爷李阿姨生病了，他要带李阿姨去医院看医生。他问爷爷今天我们可不可以照看一下儿他们的儿子小飞。

小飞今年十一岁。我问他想不想看电视，他告诉我他不想，他必须做英语和数学的作业。他做完英语和数学作业以后，他请我帮他检查作业。我看了他的英语作业，他做得很好。我没有帮他检查数学作业，因为当我看到数学作业的时候，真吓了我一跳！虽然我现在是高中四年级的学生，但是他的数学作业里有很多练习我都没学过！

今天晚上Steve告诉我每个星期二上午九点半都要上国画课，他希望我明天和他一起去上课。

现在我很紧张，我觉得今晚我可能又睡不着了！

照看 zhàokàn *to look after*
必须 bìxū *to have to, necessarily*
数学 shùxué *mathematics*
检查 jiǎnchá *to check, to inspect*
吓了我一跳 xià le wǒ yī tiào *to give someone a fright*
国画课 guóhuà kè *traditional painting lessons*

21. 七月十二日 星期二 热

我们上午八点半到了白老师的学校。白老师是一位国画老师。他的学生都是外国人。白老师用英语上课。上课的时候，我看见每个学生都带了毛笔和墨水。Steve很细心，他带了两只毛笔和两瓶墨水！

今天我们学习画大熊猫和竹叶。我觉得我画的熊猫不像一只熊猫，像一只熊。我画的竹叶不像竹叶，像面条。Steve画的熊猫很美。下课的时候，我问Steve可不可以送给我他画的画儿。他马上说不可以。我很不开心，我开始想，他是不是不喜欢我了。

下课以后，他希望我和他一起去喝咖啡，但是我告诉他我不想去。我上午十一点就到家了。

墨水 mòshuǐ ink
细心 xìxīn careful, meticulous
竹叶 zhúyè bamboo leaf
像 xiàng to resemble, to look like
熊 xióng bear

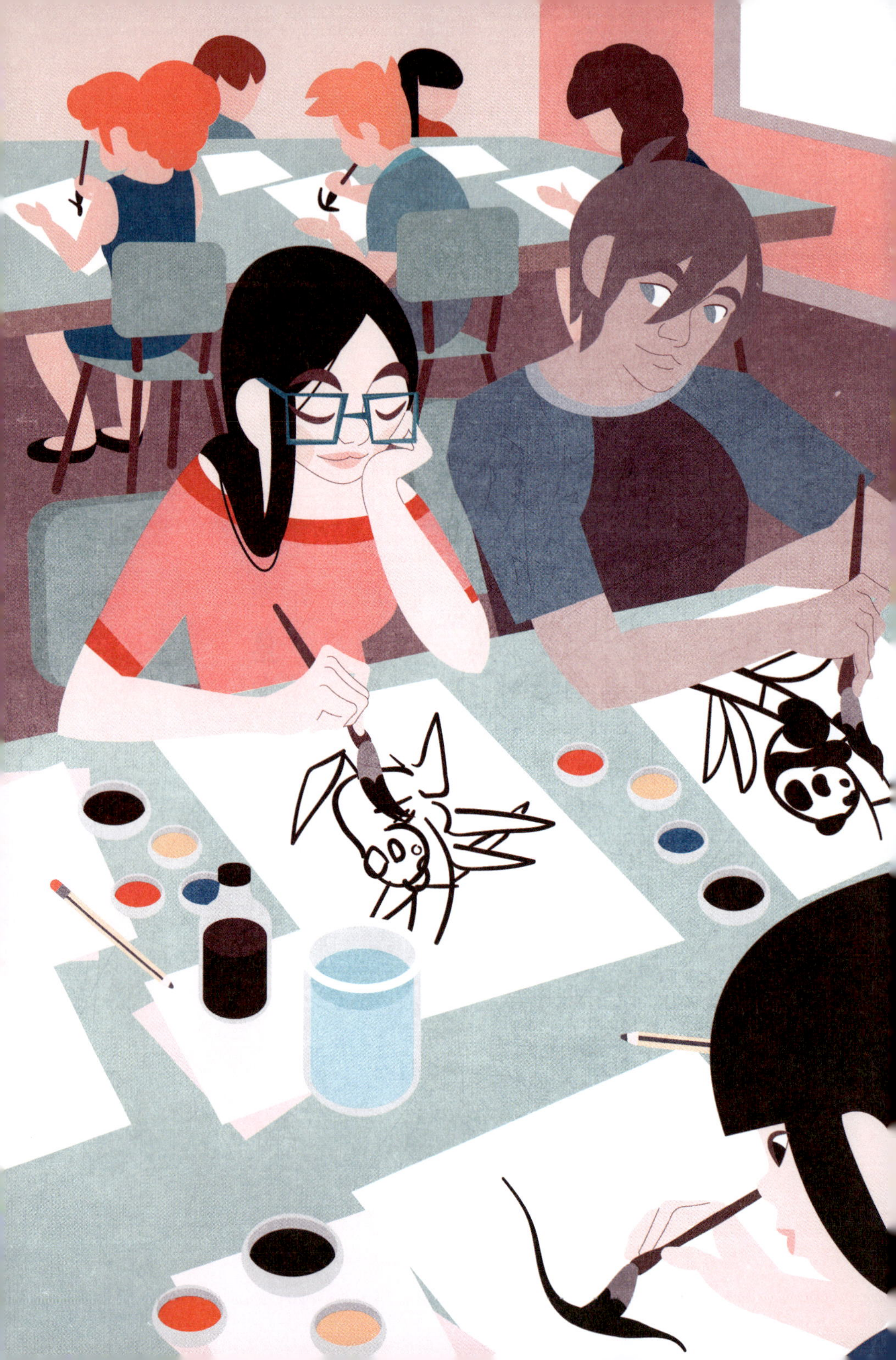

22. 七月十三日 星期三 晴天

早上起床以后，打开了手机，我<u>收到</u>了Steve的<u>短信</u>。

他问："今天早上我们可以见面吗？"

我说："今天我很忙，没有时间和你见面。"

早餐以后，我又收到了他的短信。

他说："我知道你很不开心，但是我很想见你。今天上午十点在外滩Vienna Café咖啡馆见面，<u>不见不散</u>。"

约会的时间是上午十点。我十点到了咖啡馆。他已经在咖啡馆里了。我看到他的旁边有一个很可爱的<u>袋子</u>。

他见到我以后，没有问我要喝什么，就去给我买了一杯不<u>放</u> <u>糖</u>的拿铁咖啡。他知道我不太喜欢吃甜的东西。他真细心。

收到 shōu dào *to receive*
短信 duǎnxìn *text message (sms)*
不见不散 bújiànbúsàn *to have to see each other*
袋子 dàizi *bag*
放 fàng *to put*
糖 táng *sugar*

他回来以后,把咖啡放在了桌子上,我谢了他。他告诉我他昨天晚上睡得很糟糕,因为他太想我了。

我没有出声,我喝着他给我买的咖啡。(我的脸已经变红了!)

那个时候,他拿起了那个可爱的袋子,告诉我这个袋子是给我的。

我打开袋子,看见了他画的画儿:《熊猫和竹叶》,上面写着他的名字。还有一个……非常可爱的中国结。我还发现里面有一张纸。纸上写着:

"亲爱的心心,我在派对上认识你的第一天,我已经对你一见钟情了!我很喜欢你,你可以做我的女朋友吗?如果你想,请你给我一个拥抱。Steve"

我看了这张纸以后,我笑了。我马上给了他一个大大的拥抱,他马上牵起了我的手。

变 biàn to change, to become
中国结 Zhōngguó jié Chinese knot, a traditional object made by twisting strings of material in decorative patterns

亲爱的 qīn'ài de dear, beloved
一见钟情 yíjiàn zhōngqíng love at first sight
拥抱 yǒngbào to embrace, to hug
牵 qiān to hold

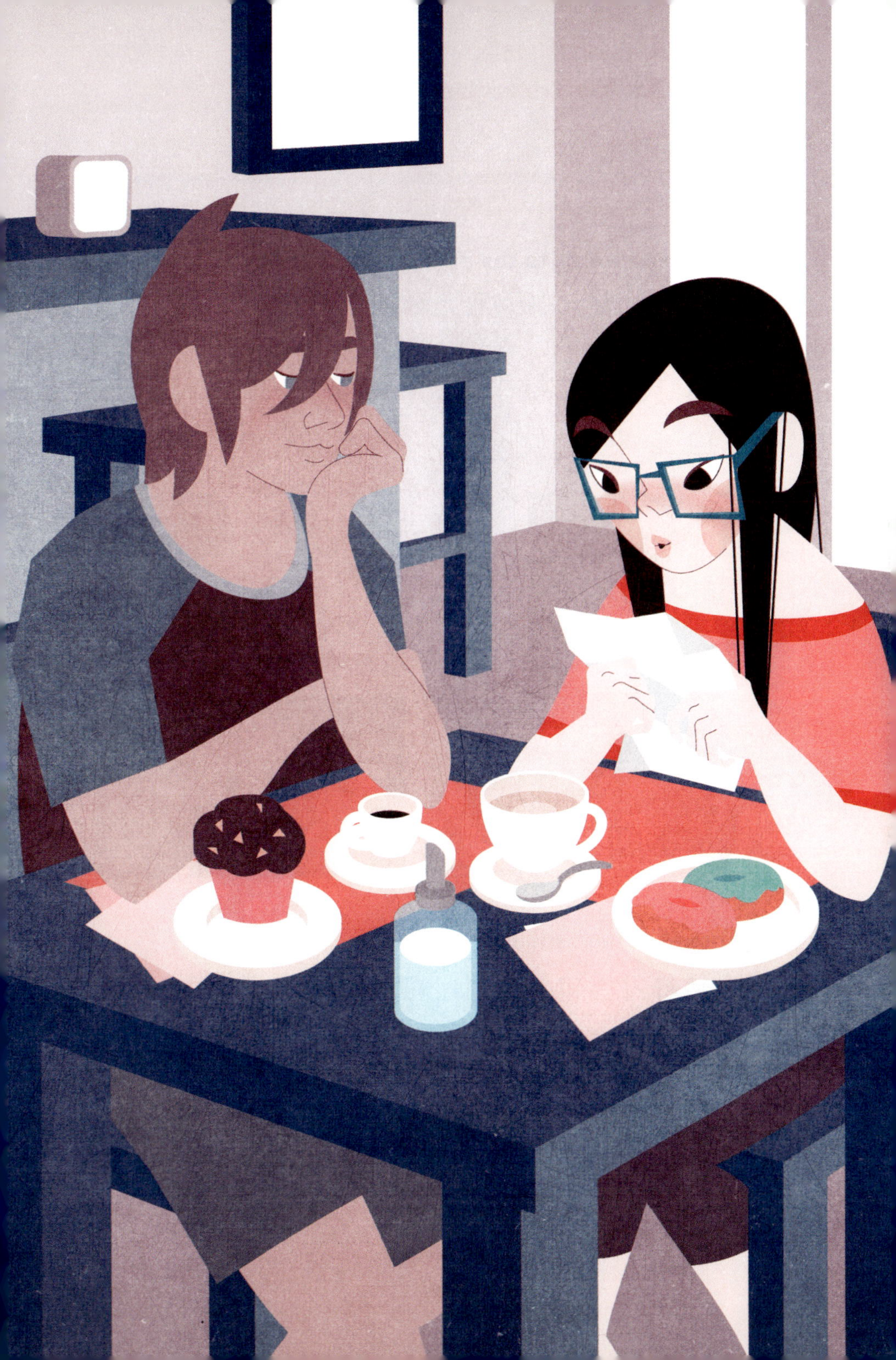

Comprehension exercises
练习

1. Match the words to the pictures.

连线题：把词语与相应的图案用线连起来。

1. ☐ 数学
2. ☐ 火锅
3. ☐ 生病
4. ☐ 熊猫
5. ☐ 作业

2. Answer the questions.

会话练习：回答下列问题。

1. 小飞今年多大了？
2. 为什么李阿姨的儿子小飞今天在爷爷奶奶家？
3. 心心为什么没有帮小飞检查他的数学作业？
4. 谁是白老师？
5. 你喜欢故事里的Steve吗？为什么？

▶ 29 **3.** **DICTATION: listen and write in Chinese.**

听写练习：请认真听录音，然后写出汉字。

4. **The end of the story.**

故事的结尾。

Imagine what will happen to XinXin when she returns to Italy: will her friendship with Steve continue? Write an outline using the key sentences and expressions, then describe orally how you think the story will end. You can use the following expressions to help you:

用你的想象力，想象一下，心心回到意大利以后，他和Steve的关系会变得怎么样？先把所有的主要词汇和短语写在纸上，然后看着纸上的词汇，开始说故事的结尾。
你可以用下列短语来帮助你说故事的结尾。

- 在 Skype 上视频聊天儿 shìpín liáotiānr (to video chat)
- 在 WhatsApp 里发送 fāsòng (to send) 语音留言 yǔyīn liúyán (vocal messages)
- 在 Facebook 里放生活照片、美食 měishí (special dishes) 照片、旅游照片……
- 准备高考 gāokǎo (university entrance exam)
- 不常常联系 liánxì (to keep in touch)
- 考上 kǎo shàng (to pass the entrance exam) 上海外国语大学
- 语言翻译专业 zhuānyè (specialisation)
- 养了一只猫

文化加油站！
我觉得一些中国文化，你应该了解。

如果我见到一个中国朋友，可以亲他们的脸或者和他们拥抱吗？

当外国人见到一个中国朋友的时候，他们常常亲中国朋友的脸或者和中国朋友拥抱。中国人见到中国朋友的时候，他们会跟朋友拥抱，但是不会亲朋友的脸。他们常常会用点头或者握手的方式。

文化加油站 wénhuà jiāyóu zhàn culture
亲 qīn to kiss
脸 liǎn face

点头 diǎntóu to nod
握手 wòshǒu to shake hands
方式 fāngshì manner, way

在中国饭店应该怎么点菜？

在意大利，如果我和朋友一起去吃饭，服务员会给我们两个菜单，我点我的菜，我的朋友点他（她）的菜。菜来了，我不会吃 他（她）的菜，他（她）也不会吃我的菜。如果我和家人去吃饭，也是一样。

在中国，或者在外国<u>唐人街</u>的中餐馆，如果我和朋友一起去吃饭，服务员会给我们一个菜单。我们一起点菜。菜来了，我们一起吃这些菜。如果我和家人去吃饭，也是一样。

唐人街 tángrénjiē Chinatown

为什么有一些中国人用英文名字？他们不喜欢他们的中文名字吗？

在中学，有一些学校的英语老师，他们要求每个学生都要有英文名字。这样可以创造一个好的学习英语的环境。上课的时候，老师常常会叫他们的英文名字。毕业以后，如果中国人有一些外国朋友，或者中国人在外国公司工作，他们也喜欢用英文名字。对外国朋友来说，他们用英文名字叫中国朋友，他们会觉得更容易、更方便。

Mary

John

Ada

Peter

要求 yāoqiú to request, to ask
创造 chuàngzào to create
环境 huánjìng environment
毕业 bìyè diploma, degree

对……来说 duì……lái shuō according to...
容易 róngyì easy
方便 fāngbiàn convenient, comfortable

中国人都会功夫吗？

不是每个中国人都会功夫。在中国的学校里没有功夫这门课，但是学生可以在体育课，或者课外活动的时候学习功夫。有些人的功夫很好，是因为他们从小就开始学习了。

中国人怎么学习写汉字呢？

中国的小朋友从幼儿园开始就学习认字了，小学一年级开始学习写汉字，高中生也常常练习写汉字。写汉字的时候，老师教他们汉字的笔顺和笔画。学习汉字的时候，学生一边写汉字，一边读汉字，一边想汉字的意思。学生每天都学习新的汉字，还复习学过的汉字，一年以后学生会学到很多汉字。

门 mén *classifier for school subjects*
体育课 tǐyù kè *physical education*
课外活动 kèwài huódòng *extracurricular activity*
幼儿园 yòu'éryuán *nursery school*

笔顺 bǐshùn *stroke order*
笔画 bǐhuà *strokes (of a Chinese character)*
一边……一边 yībiān……yībiān *simultaneously, while*
复习 fùxí *to revise*

Final activities
补充练习

1. **Look at the calendar and answer the questions.**

请看日历，回答下列问题。

1. 今天是几月几日？
2. 今天星期几？
3. 昨天是几月几日？
4. 十二月二十二日是星期一吗？
5. 十二月一共有多少天？
6. 明天是几号？

2. **Match the pictures to the correct words. Write the letters in the brackets.**

把单词与图片匹配起来。把相应字母写在括号里。

1. 火车（　）
2. 飞机（　）
3. 汽车（　）
4. 出租车（　）
5. 自行车（　）
6. 酒店（　）
7. 饭馆（　）
8. 公共汽车（　）

3. For homework, Steve has to write a page for a diary entry. Underline the mistakes with a coloured pen, then correct them. Then give his homework a mark from 1 to 10.

这是Steve的作业，作业是写一篇小日记。请你批改一下他的作业。先用红笔把错误改正过来，然后给他打个分数。从一到十，十是满分，五是不及格。

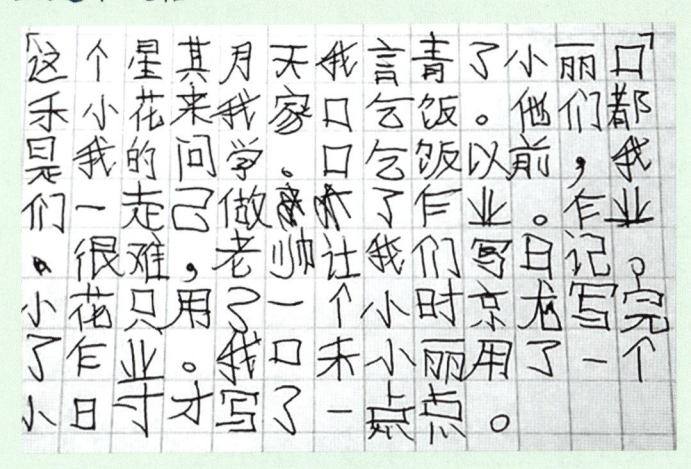

4. Do the crossword. 填字游戏。

Across
1 birthday
2 midday
5 rice
9 train station
11 wife
12 today
14 Italy
17 Chinese characters
19 afternoon
21 morning
22 tomorrow

Down
2 China
3 bus
4 chair
6 restaurant
7 everybody
8 to study
10 table
13 weather
15 names
16 student
18 men
19 to rain
20 evening

63

5. **Read the notice and answer the questions.**

请看下面的 通知，回答问题。

通知 tōngzhī（notice）

初级汉语综合课 zònghé kè（course）2月18日开始上课。星期一：语法课；星期三：口语课；星期五：汉字课。上课时间：下午5点到晚上7点。汉语综合课一共 yígòng（altogether）80个小时，一共学习600个汉字。

初级汉语综合课适合 shìhé（suitable for）没有汉语基础 jīchǔ（basic）的外国学生。如果你们喜欢学习汉语，请于 qǐngyú（请在）2月5日上午8点到下午3点去留学生办公室 bàngōngshì（office）报名 bàomíng（to enroll）。

1. 初级汉语综合课一共多少个小时？
   ………………………………………………。

2. 每个星期几上课？几点上课？几点下课？
   ………………………………………………。

3. 课程结束 jiéshù（finire）以后，学生可以学会多少个汉字？
   ………………………………………………。

4. 学生们要去哪儿报名？
   ………………………………………………。

5. 2月8日学生们可以去报名吗？
   ………………………………………………。